L'homme qui a vu l'avenir

Edmond Hamilton

Writat

Cette édition parue en 2023

ISBN : **9789359253015**

Publié par
Writat
email : info@writat.com

L'HOMME QUI A
VU L'AVENIR

Par EDMOND HAMILTON

JEAN DE MARSELAIT , inquisiteur extraordinaire du roi de France, releva la tête des parchemins qui jonchaient le bureau rudimentaire où il était assis. Son regard parcourut la longue pièce aux murs de pierre et éclairée par des torches jusqu'à la file de soldats en cotte de mailles qui se tenaient comme des statues d'acier près de la porte. Un mot de sa part et deux d'entre eux bondirent.

"Vous pouvez amener le prisonnier", dit-il.

Les deux disparurent par la porte, et en quelques instants, un bruit de verrous qui s'ouvraient et un grincement de lourdes charnières retentirent quelque part dans le bâtiment. Puis le bruit des soldats qui revenaient, et ils entrèrent dans la pièce avec un autre homme entre eux dont les mains étaient enchaînées.

Illustré par MOREY

Il avait une silhouette droite et était vêtu d'une tunique et de bas ternes. Ses cheveux noirs étaient longs et raides, et son visage avait une force rêveuse, tout à fait différente des visages meurtris des soldats ou du masque immuable de l'Inquisiteur. Celui-ci regarda le prisonnier un instant, puis souleva devant lui un des parchemins et le lut d'une voix douce et claire.

« Henri Lothière , aide-pothicaire de Paris, lit-il, est accusé en cette année de notre seigneur mil quatre cent quarante-quatre d'offense contre Dieu et le roi en commettant le crime de sorcellerie.

Le prisonnier parla pour la première fois, d'une voix basse mais ferme. "Je ne suis pas un sorcier, Sire."

Jean de Marselait continuait tranquillement sa lecture sur le parchemin. "De nombreux témoins affirment que depuis longtemps cette partie de Paris, appelée Nanley par certains, a été troublée par les œuvres du diable. De temps en temps, de grands coups de tonnerre ont été entendus venant d'un champ ouvert là-bas, sans cause visible. Ils étaient évidemment causées par un sorcier du pouvoir puisque même les exorcistes ne pouvaient pas les arrêter.

"Il est attesté par plusieurs que l'accusé Henri Lothière , malgré le caractère diabolique connu de la chose, a passé beaucoup de temps sur le terrain en question. Il est également attesté que ledit Henri Lothière a déclaré qu'à son avis le les coups de tonnerre n'étaient pas d'origine diabolique, et que si on les étudiait, on pourrait en découvrir la cause.

" Etant soupçonné de là qu'Henri Lothière était lui-même le sorcier provoquant les coups de tonnerre, il fut surveillé et le troisième jour de juin on le vit se rendre au petit matin au lieu impie avec certains instruments. Là, il fut observé traversant d'étranges et des conjurations diaboliques, lorsqu'il y eut tout à coup un autre coup de tonnerre et que ledit Henri Lothière disparut entièrement de la vue à ce moment-là. Ce fait est attesté sans aucun doute.

"La nouvelle se répandit, plusieurs centaines de personnes regardèrent autour du terrain pendant cette journée. Cette nuit-là, avant minuit, un autre coup de tonnerre se fit entendre et ledit Henri Lothière fut vu par ces centaines d'apparaître au centre du terrain aussi rapidement et aussi étrangement qu'il avait disparu. Les centaines de personnes effrayées autour du terrain l'entendirent raconter comment, par un pouvoir diabolique, il était allé des centaines d'années dans le futur, une chose qui n'était sûrement possible qu'au diable et à ses serviteurs, et l'entendirent proférer d'autres blasphèmes avant qu'ils ne le fassent. s'en empara et l'amena à l'inquisiteur du roi, priant pour qu'il soit brûlé et que son œuvre de sorcellerie soit ainsi arrêtée.

"Par conséquent, Henri Lothière , puisqu'on vous a vu disparaître et réapparaître comme seuls pouvaient le faire les serviteurs du mal, et que beaucoup ont entendu prononcer les blasphèmes mentionnés, je dois vous déclarer sorcier, sous peine de mort par le feu. Cependant, s'il y a quoi que ce soit que vous puissiez faire pour pallier votre offense noire, vous pouvez maintenant le faire avant que la sentence finale ne soit prononcée contre vous.

Jean de Marselait déposa le parchemin et leva les yeux vers le prisonnier. Celui-ci jeta un rapide coup d'œil autour de lui un instant, une panique à demi entrevue un instant dans les yeux, puis parut se calmer.

"Sire, je ne puis changer la sentence que vous me ferez," dit-il doucement, "mais je voudrais bien raconter une fois ce qui m'est arrivé et ce que j'ai vu. M'est-il permis de raconter cela du début à la fin ? "

La tête de l'Inquisiteur s'inclina et Henri Lothière parla, sa voix gagnant en force et en ferveur à mesure qu'il poursuivait.

" SIRE , moi, Henri Lothière , je ne suis pas un sorcier mais un simple aide-apothicaire. J'ai toujours été dans ma nature, dès ma plus tendre jeunesse, de désirer approfondir des choses inconnues des hommes ; les secrets de la terre, de la mer et du ciel, les connaissances cachées. Je savais bien que c'était mauvais, que l'Église enseigne tout ce que nous avons besoin de savoir et que le ciel fronce les sourcils lorsque nous fouinons dans ses mystères, mais mon désir de savoir était si fort que je me suis souvent préoccupé de choses interdites.

"J'avais cherché à connaître la nature de la foudre, et la manière dont les oiseaux volent, et la manière dont les poissons peuvent vivre sous les eaux, et le mystère des étoiles. Ainsi , lorsque ces coups de tonnerre commencèrent à se faire entendre dans le quartier de Paris où j'habitais, je ne les craignais pas tant que mes voisins : je désirais seulement savoir ce qui les provoquait, car il me semblait que leur cause pouvait être connue.

" Alors j'ai commencé à me rendre au champ d'où ils sortaient, pour les étudier. J'y ai attendu et à deux reprises j'ai entendu moi-même les grands coups de tonnerre. Je pensais qu'ils venaient de près du centre du champ, et j'ai étudié cet endroit. Mais je pouvais Je n'y voyais rien qui les provoquait. J'ai creusé la terre, j'ai levé les yeux pendant des heures vers le ciel, mais il n'y avait rien. Et pourtant, par intervalles, les coups de tonnerre retentissaient.

"Je continuais à aller aux champs, même si je savais que beaucoup de mes voisins chuchotaient que je faisais de la sorcellerie. Ce matin du troisième jour de juin, il m'était venu à l'esprit d'emporter certains instruments, tels que des pierres aimantées, pour Je suis allé sur le terrain, pour voir si on pouvait apprendre quelque chose avec eux. J'y suis allé, quelques superstitieux me suivaient à distance. J'ai atteint le centre du terrain et j'ai commencé les examens que j'avais prévus. Puis est venu tout à coup un autre coup de tonnerre et avec lui j'ai réussi de la vue de ceux qui l'avaient suivi et regardaient, disparut de la vue.

"Sire, je ne peux pas bien décrire ce qui s'est passé à ce moment-là. J'ai entendu le coup de tonnerre venir comme de tout l'air autour de moi, étourdissant mes oreilles de son terrible éclat sonore. Et au même moment où je l'ai entendu, j'ai été secoué comme poussé par des vents terribles et il semblait tomber vers le bas à travers des profondeurs terribles. Puis, à travers le vacarme infernal, je me sentis heurter une surface dure, et les sons cessèrent rapidement autour de moi.

« J'avais involontairement fermé les yeux au grand coup de tonnerre, mais maintenant, lentement, je les ouvrais. Je regardais autour de moi, d'abord avec stupéfaction, puis avec un étonnement croissant. Car je n'étais pas du tout dans ce domaine familier, Sire, que J'y étais un instant auparavant, j'étais dans une pièce, allongé sur le sol, et c'était une pièce comme je n'en avais jamais vue auparavant.

"Ses murs étaient lisses, blancs et brillants. Il y avait des fenêtres dans les murs, et elles étaient fermées par des feuilles de verre si lisses et si claires qu'on semblait regarder à travers une ouverture claire plutôt qu'à travers du verre. Le sol était en pierre, lisse et brillant. sans couture, comme s'il avait été taillé dans un seul grand rocher, mais ne semblait pourtant pas du tout être de la pierre. Il y avait un grand cercle de métal lisse incrusté à l'intérieur, et c'était dessus que j'étais allongé.

"Tout autour de la pièce se trouvaient beaucoup de grandes choses comme je n'en avais jamais vues. Certaines semblaient en métal noir, semblaient des appareils ou des machines en quelque sorte. Des cordons de fil noirs les reliaient les uns aux autres et d'une partie d'eux sortait un bourdonnement. cela ne s'arrêtait pas : d'autres avaient des tubes de verre fixés sur le devant et des plaques carrées noires sur lesquelles se trouvaient de nombreuses petites poignées et boutons brillants.

"Il y eut un bruit de voix et je me tournai pour constater que deux hommes se penchaient sur moi. C'étaient des hommes comme moi, mais en même temps ils ne ressemblaient à aucun homme que j'aie jamais rencontré ! L'un avait la barbe blanche et l'autre Ils étaient dodus et nus de visage, et ni l'un ni l'autre ne portaient de manteau, ni de tunique, ni de bas, mais ils portaient des vêtements amples et droits.

"Ils étaient tous les deux très excités, semblait-il, et se parlaient alors qu'ils se penchaient sur moi. J'ai capté un mot ou deux de leur discours en un instant et j'ai découvert que c'était du français dont ils parlaient. Mais ce n'était pas le français. Je savais, étant si étrange et avec tant de mots nouveaux qu'il s'agissait d'un langage presque différent, mais je pouvais comprendre la dérive de ce qu'ils disaient.

« Nous avons réussi ! » » criait le gros avec enthousiasme. « Nous avons enfin fait passer quelqu'un !

"'Ils ne le croiront jamais', répondit l'autre. 'Ils diront que c'est un faux.'

"'Absurdité!' s'écria le premier. On peut recommencer, Rastin , on peut le leur montrer sous leurs yeux !

"Ils se sont penchés vers moi et m'ont vu les regarder.

"'D'où venez-vous?' cria le gros visage. A quelle heure, quelle année, quel siècle ?

« – Il ne comprend pas, Thicourt , murmura celui à barbe blanche. En quelle année sommes-nous, mon ami ? il m'a demandé.

"J'ai trouvé une voix pour répondre. 'Sûrement, messieurs, qui que vous soyez, vous savez que nous sommes en l'an mil quatorze cent quarante-quatre', dis-je.

"Cela les a replongés dans un bavardage de discussions excitées, dont je ne pouvais distinguer qu'un mot ici et là. Ils m'ont soulevé , voyant à quel point je me sentais malade et faible, et m'ont assis dans un fauteuil étrange mais très confortable. " Je me sentais abasourdi. Les deux parlaient toujours avec enthousiasme, mais finalement celui à la barbe blanche, Rastin , s'est tourné vers moi. Il m'a parlé, très lentement, pour que je le comprenne bien, et il m'a demandé mon nom. J'ai dit lui.

"'Henri Lothière , répéta-t-il. Eh bien, Henri, tu dois essayer de comprendre. Tu n'es pas maintenant en l'an 1444. Tu es cinq cents ans dans le futur, ou dans ce qui te semblerait le futur. C'est le année 1944.'

"'Et Rastin et moi vous avons sorti de votre époque pendant cinq siècles,' dit l'autre en souriant.

"J'ai regardé l'un après l'autre. 'Messieurs', ai-je plaidé, et Rastin a secoué la tête.

"'Il ne croit pas', dit-il à l'autre. Puis à moi : 'Où étais-tu juste avant de te retrouver ici, Henri ?' Il a demandé.

"'Dans un champ aux portes de Paris', dis-je.

« Eh bien, regardez par cette fenêtre et voyez si vous croyez toujours à votre Paris du XVe siècle. »

"JE ME SUIS DIRIGÉ vers la fenêtre. J'ai regardé dehors. Mère de Dieu, quel spectacle devant mes yeux ! Les petites maisons grises familières, les champs ouverts derrière elles, les promeneurs dans les rues sales - tout cela avait disparu et c'était un nouveau et terrible ville qui m'entourait ! Ses larges rues étaient en pierre et de grands bâtiments à plusieurs niveaux s'élevaient de chaque côté d'elles. Un grand nombre de personnes, habillées comme les deux à côté de moi, se déplaçaient dans les rues et aussi d'étranges véhicules ou voitures, inanimé par un cheval ou un bœuf, qui se précipitaient de long en large à une vitesse insoupçonnée ! Je retournai en titubant à la chaise.

"'Tu crois maintenant, Henri?' demanda Rastin , assez gentiment, à barbe blanche, et j'acquiesçai faiblement. Mon cerveau tournait.

"Il a montré le cercle de métal sur le sol et les machines autour de la pièce. 'C'est ce que nous avions l'habitude de vous faire passer de votre temps libre à celui-ci', a-t-il déclaré.

« Mais comment, messieurs ? » J'ai demandé. "Pour l'amour de Dieu, comment pouvez-vous m'emmener d'une fois à l'autre ? Êtes-vous devenus des dieux ou des diables ?"

« Ni l'un ni l'autre, Henri, répondit-il. Nous sommes simplement des scientifiques, des physiciens, des hommes qui veulent savoir autant que l'homme peut savoir et qui passent notre vie à rechercher la connaissance. »

" J'ai senti ma confiance revenir. C'étaient des hommes tels que j'avais rêvé qu'ils pourraient un jour être. " Mais que peut-on faire avec le temps ? J'ai demandé. "Le temps n'est-il pas une chose inaltérable, immuable ?"

"Tous deux secouaient la tête. "Non, Henri, ce n'est pas le cas. Mais dernièrement, nos hommes de science l'ont découvert."

"Ils ont continué en me parlant de choses que je ne pouvais pas comprendre. Il semblait qu'ils disaient que leurs hommes de connaissance avaient trouvé que le temps n'était qu'une simple mesure, ou dimension, tout comme la longueur, la largeur ou l'épaisseur. Ils mentionnaient des noms avec révérence. que je n'avais jamais entendu – Einstein, De Sitter et Lorentz. J'étais dans un labyrinthe à leurs paroles.

" Ils ont dit que, tout comme les hommes utilisent la force pour déplacer ou faire tourner la matière d'un point à un autre le long des trois mesures connues, la matière pourrait être tournée d'un point dans le temps, la quatrième mesure, à un autre, si la force appropriée était utilisée. Ils disaient que leurs machines produisaient cette force et l'appliquaient au cercle métallique depuis cinq cents ans jusqu'à cette époque.

"Ils l'avaient essayé plusieurs fois, disaient-ils, mais rien n'était sur place à ce moment-là et ils n'avaient fait tourner que l'air au-dessus d'une fois à l'autre, et inversement. Je leur ai parlé des coups de tonnerre qui " J'avais entendu des bruits à cet endroit dans le champ et cela m'avait rendu curieux. Ils disaient qu'ils étaient causés par le changement de l'air au-dessus de l'endroit d'un moment à l'autre au cours de leurs essais. Je ne pouvais pas comprendre ces choses.

" Ils ont alors dit que je me trouvais sur place lorsqu'ils avaient de nouveau fait appel à leurs forces et que j'avais donc été déplacé de mon époque vers la leur. Ils ont dit qu'ils avaient toujours espéré trouver quelqu'un vivant d'une époque lointaine dans le leur. de cette façon, puisqu'un tel homme serait une preuve pour tous les autres hommes de la connaissance de ce qu'ils avaient pu faire.

"Je ne pouvais pas comprendre, et ils m'ont vu et m'ont dit de ne pas avoir peur. Je n'étais pas craintif, mais excité par les choses que je voyais autour de moi. J'ai demandé ces choses et Rastin et Thicourt ont ri et m'en ont expliqué certaines comme du mieux qu'ils pouvaient. Ils disaient beaucoup de choses que je ne comprenais pas, mais mes yeux voyaient dans cette pièce des merveilles dont je n'avais jamais rêvé.

"Ils m'ont montré quelque chose qui ressemblait à une petite bouteille en verre avec des fils électriques à l'intérieur, puis m'ont dit de toucher un bouton en dessous. Je l'ai fait et la bouteille brillait d'une lumière brillante dépassant celle de dizaines de bougies. J'ai reculé, mais ils J'ai ri, et quand Rastin a appuyé à nouveau sur le bouton, la lumière dans le verre a disparu. J'ai vu qu'il y avait beaucoup de ces choses au plafond.

"Ils m'ont également montré un objet métallique noir arrondi avec une roue au bout. Une courroie courait autour de la roue et autour de roues plus petites reliées à de nombreuses machines. Ils ont touché un levier sur cet objet et un bruit de bourdonnement en sortait et le La roue tournait très vite, faisant tourner toutes les machines avec la courroie. Elle tournait plus vite qu'aucun homme n'aurait jamais pu la faire tourner, mais quand ils touchèrent à nouveau le levier, sa rotation cessa. Ils dirent que c'était la puissance de la foudre dans les cieux. qu'ils faisaient la lumière et faisaient tourner cette roue !

" Mon cerveau était ébranlé par les merveilles qu'ils montraient. L'un d'eux prit un instrument de la table qu'il tenait devant son visage, disant qu'il convoquerait les autres scientifiques ou hommes de connaissance pour voir leur expérience ce soir-là. Il parla dans l'instrument comme mais à des hommes différents, et que j'entende des voix qui lui répondaient ! Ils disaient que les hommes qui répondaient étaient à des lieues séparés de lui !

"Je ne pouvais pas y croire - et pourtant, d'une manière ou d'une autre, j'y croyais ! J'étais à moitié émerveillé et pourtant excité aussi. L'homme à la barbe blanche, Rastin , a vu cela et m'a encouragé. Puis ils ont apporté une petite boîte avec une ouverture et J'ai placé un disque noir sur la boîte et je l'ai fait tourner d'une manière ou d'une autre. Une voix de femme est venue de l'ouverture de la boîte, chantant. J'ai frémi lorsqu'ils m'ont dit que cette femme était morte des années auparavant. Les morts pouvaient-ils parler ainsi?

"COMMENT puis-je décrire ce que j'ai vu là ? Il y avait une autre boîte ou armoire, avec une ouverture aussi. Je pensais que c'était comme celle d'où j'avais entendu la morte chanter, mais ils ont dit que c'était différent. Ils ont touché des boutons dessus. et une voix en sortait parlant dans une langue que je ne connaissais pas. On disait que l'homme parlait à des milliers de lieues de nous, dans un pays étranger à travers l'océan occidental non traversé, et pourtant il semblait parler à mes côtés !

"Ils virent à quel point j'étais abasourdi par ces choses et me donnèrent du vin. Cela me réconforta, car le vin, au moins, était comme il avait toujours été.

« « Vous aurez envie de voir Paris, le Paris de notre temps, Henri ? » demanda Rastin .

« Mais c'est différent – terrible – » dis-je.

« Nous vous emmènerons, dit Thicourt , mais d'abord vos vêtements… »

"Il m'a fait mettre un long manteau léger, qui couvrait ma tunique et mes bas, et un chapeau de forme ronde grotesque qu'ils m'ont mis sur la tête. Ils m'ont alors conduit hors du bâtiment et dans la rue.

" J'ai regardé avec étonnement cette rue. Elle avait de chaque côté une promenade surélevée, sur laquelle se déplaçaient plusieurs centaines de personnes , toutes habillées d'une façon aussi étrange. Beaucoup, comme Rastin et Thicourt , semblaient de sang doux, pourtant, malgré cela, ils ne portaient ni épée ni même poignard, il n'y avait ni chevaliers, ni écuyers, ni prêtres, ni paysans. Tous semblaient habillés à peu près de la même façon.

"Des petits gars couraient çà et là pour vendre ce qui semblait être des feuilles de parchemin blanc très fin, plusieurs fois pliées et couvertes de lettres. Rastin a dit que celles-ci contenaient toutes les choses qui s'étaient passées dans le monde entier, même quelques heures auparavant. J'ai dit que pour écrire ne serait-ce qu'une seule de ces feuilles, il faudrait plusieurs jours à un commis, mais ils disaient que l'écriture était faite d'une manière ou d'une autre très rapidement par des machines.

"Dans la large rue pavée entre les deux allées surélevées se précipitaient d'avant en arrière les étranges véhicules que j'avais vus par la fenêtre. Il n'y avait aucun animal qui tirait ou poussait aucun d'entre eux, et pourtant ils n'arrêtaient jamais leur course rapide et transportaient de nombreuses personnes. à une vitesse impensable. Parfois, ceux qui marchaient se mettaient devant les véhicules qui se précipitaient, et alors de terribles grognements ou gémissements d'avertissement sortaient de ceux-ci qui faisaient reculer les marcheurs.

"L'un des véhicules se tenait au bord de l'allée devant nous, et nous y sommes entrés et nous nous sommes assis côte à côte sur un siège en cuir souple. Thicourt était assis derrière un volant sur un poteau, avec des leviers à côté de lui. Il les a touchés et un bourdonnement est venu. » depuis quelque part dans le véhicule, puis lui aussi a commencé à se précipiter, de plus en plus vite dans la rue, mais aucun d'eux ne semblait avoir peur.

"Des milliers de ces véhicules circulaient rapidement dans les rues autour de nous. Nous avons continué, entre de grands bâtiments et le long de rues plus larges, les yeux et les oreilles engourdis par ce que je voyais autour de moi. Puis les bâtiments sont devenus plus petits, après que nous ayons parcouru des kilomètres à travers eux, et nous traversions les faubourgs de la ville. Je ne pouvais pas croire, à peine, que c'était Paris où je me trouvais.

"Nous sommes arrivés dans un grand champ plat et dégagé à l'extérieur de la ville et là Thicourt s'est arrêté et nous sommes sortis du véhicule. Il y avait de grands bâtiments au bout du terrain et j'ai vu d'autres véhicules en sortir à travers le champ, différents des autres. tous ceux que j'avais encore vus, avec des projections d'ailes plates de chaque côté. Ils roulaient très vite au-dessus du champ et puis je criais en les voyant s'élever du sol dans les airs. Mère de Dieu, ils volaient ! Les hommes dans ils volaient !

" Rastin et Thicourt m'ont emmené vers les grands bâtiments. Ils ont parlé avec des hommes et l'un d'entre eux a avancé une des voitures ailées. Rastin m'a dit de monter, et même si j'avais terriblement peur, il y avait une fascination trop terrible qui m'attirait. Thicourt et Rastin entrèrent après moi, et nous nous assîmes sur des sièges avec l'autre homme. Il avait devant lui des leviers et des boutons, tandis qu'à l'avant de la voiture se trouvait une grande chose comme une double rame ou une pagaie. Un grand rugissement vint et cela La double lame s'est mise à tourner si vite que je ne pouvais pas la voir. Puis la voiture a roulé rapidement en avant, heurtant le sol, puis a cessé de heurter. J'ai baissé les yeux, puis j'ai frémi. Le sol était déjà bien en dessous ! Moi aussi, volait dans les airs !

"Nous avons balayé vers le haut à une vitesse terrible qui augmentait régulièrement. Le tonnerre de la voiture était terrible et, tandis que l'homme aux leviers changeait de position, nous nous tournions vers le bas et vers le haut comme des oiseaux. Rastin a essayé de m'expliquer comment la voiture volait, mais c'était trop merveilleux et je ne comprenais pas. Je savais seulement qu'une excitation folle et palpitante me tenait et que cela valait la vie ou la mort de voler ainsi, ne serait-ce que pour une fois, comme j'en avais toujours rêvé. que les hommes pourraient un jour faire.

"Nous sommes allés de plus en plus haut. La terre était loin en dessous et je voyais maintenant que Paris était en effet une ville puissante, sa vaste masse de bâtiments s'étendant presque jusqu'à l'horizon au-dessous de nous. Une puissante ville du futur qui lui avait été donnée par mon des yeux à regarder !

"Il y avait d'autres voitures ailées qui s'élançaient dans les airs autour de nous, et ils disaient que beaucoup d'entre elles commençaient ou terminaient des voyages de centaines de lieues dans les airs. Alors j'ai crié en voyant une grande forme se rapprocher de nous dans les airs. Il y avait plusieurs tiges de longueur, se terminant en pointe aux deux extrémités, un vaste navire naviguant dans les airs ! Il y avait de grandes cabines sur sa partie inférieure et on apercevait des gens qui regardaient au dehors, entraient et sortaient, dansant même On m'a dit que de vastes vaisseaux aériens comme celui-ci naviguaient sur des milliers de lieues avec des centaines à l'intérieur.

" L'immense vaisseau aérien nous a dépassé, puis notre voiture ailée a commencé à descendre. Elle a fait des cercles en douceur jusqu'au champ comme un oiseau en descente, et, lorsque nous avons atterri là, Rastin et Thicourt m'ont ramené au véhicule terrestre. Il Nous étions alors en fin d'après-midi, le soleil se couchait vers l'ouest et l'obscurité était tombée au moment où nous retournions dans la grande ville.

"Mais dans cette ville il n'y avait pas d'obscurité ! Des lumières y étaient partout, des lumières brillantes qui brillaient depuis ses puissants bâtiments et qui clignotaient, brûlaient et coulaient comme de l'eau en grands symboles sur les bâtiments au-dessus des rues. Leur éclat était comme celui du jour. Nous nous arrêtâmes devant un grand bâtiment dans lequel Rastin et Thicourt me conduisirent.

"C'était vaste à l'intérieur et à l'intérieur se trouvaient de nombreuses personnes alignées sur des rangées de sièges. Au début, je pensais que c'était une cathédrale, mais je me suis vite rendu compte que ce n'était pas le cas. Le mur à une extrémité, vers lequel tous regardaient, avait dessus des images de gens, de grande taille, et ces images bougeaient comme si elles étaient vivantes ! Et elles se parlaient aussi, comme avec des voix vivantes ! Je tremblais. Quelle magie !

" Avec Rastin et Thicourt assis à côté de moi, je regardais les images avec fascination. C'était comme si je regardais à travers une grande fenêtre des mondes étranges. J'ai vu la mer, qui semblait s'agiter et rugir devant moi, puis j'ai vu dessus un navire, un vaste navire d'une taille incroyable, sans voiles ni rames, contenant des milliers de personnes. Je semblais sur ce navire pendant que je le regardais, il semblait avancer avec lui. On m'a dit qu'il naviguait au-dessus de l'océan occidental que jamais les hommes n'avaient traversé. Je craignais !

"Puis une autre scène, la terre apparaissant du navire. Une grande statue, tenant une torche, et nous, sur le navire, semblions passer en dessous. Ils disaient que le navire s'approchait d'une ville, la ville de New York, mais que la brume cachait tout devant elle. Puis soudain, les brumes devant le navire se dissipèrent et là, devant moi, apparut la ville.

"MÈRE de Dieu, quelle ville ! Des chaînes d'escalade sur des rangées de grands bâtiments semblables à des montagnes qui aspiraient à escalader le ciel lui-même ! Loin en dessous, des rues étroites les traversaient et sur la photo , nous semblions débarquer du navire, pour aller à travers ces rues de la ville. C'était une ville incroyable de folie ! Les rues et les chemins n'étaient que de simples gouffres entre les bâtiments qui s'effondraient ! Des gens, des gens, des gens, des millions et des millions d'entre eux se précipitaient dans les rues sans fin. D'innombrables véhicules terrestres se précipitaient aussi çà et là, et d'autres différents qui rugissaient au-dessus des rues et d'autres encore en dessous !

" Des voitures volantes ailées et de grands dirigeables naviguaient çà et là au-dessus de la cité titanesque, et dans les eaux qui l'entouraient de grands navires de la mer et des navires plus petits arrivaient comme l'homme n'aurait jamais pu l'imaginer, qui s'étendaient de la puissante ville sur tout le monde. côtés. Et avec l'arrivée des ténèbres, la ville brillait d'une lumière vivante !

"Les images changeaient, montraient d'autres villes puissantes, mais aucune n'était aussi terrible que celle-là. Elles montraient de grands mécanismes qui me consternaient. Des objets métalliques géants qui arrachaient en un instant de la terre autant qu'un homme pourrait creuser en quelques jours. De vastes choses qui d'eux versaient du métal en fusion comme de l'eau, d'autres soulevaient des charges que des centaines d'hommes et de bœufs n'auraient pas pu remuer.

"Ils montraient à mes côtés des hommes de savoir comme Rastin et Thicourt . Certains étaient des guérisseurs, opérant des guérisons miraculeuses d'une manière que je ne pouvais pas comprendre. D'autres regardaient les étoiles à travers des tubes géants, et les images montraient ce qu'ils voyaient, montraient que tout des étoiles étaient de grands soleils comme notre soleil, et que notre soleil était plus grand que la terre, que la terre tournait autour de lui au lieu de l'inverse ! Comment de telles choses pouvaient-elles être, je me demandais. Pourtant, ils disaient qu'il en était ainsi, que la terre était ronde comme une pomme, et cela avec d'autres terres semblables, les planètes tournaient autour du soleil. J'entendais, mais je pouvais à peine comprendre.

" Enfin Rastin et Thicourt m'ont conduit hors de ce lieu de tableaux vivants et jusqu'à leur véhicule terrestre. Nous traversâmes de nouveau les rues jusqu'à leur immeuble, où je m'étais trouvé pour la première fois. Pendant que nous partions, je vis que personne ne contestait mon droit de partir, ni ne demandait qui était mon seigneur. Et Rastin dit qu'aucun n'avait désormais de seigneurs, mais que tous étaient seigneurs, rois, prêtres et nobles, n'ayant pas plus de pouvoir que n'importe qui dans le pays. Chaque homme était son propre maître ! C'était ce que j'avais à peine osé espérer, de mon temps, et c'était là, je pensais, la plus grande de toutes les merveilles qu'ils m'avaient montrées !

"Nous rentrâmes de nouveau dans leur bâtiment mais Rastin et Thicourt m'emmenèrent d'abord dans une autre pièce que celle dans laquelle je m'étais trouvé . Ils dirent que leurs savants y étaient réunis pour entendre parler de leur exploit, et le leur prouver.

« « Tu n'aurais pas peur de retourner à ton époque, Henri ? » » demanda Rastin , et je secouai la tête.

« Je veux y revenir, leur ai-je dit. Je veux dire à mes gens là-bas ce que j'ai vu : quel est l'avenir vers lequel ils doivent lutter. »

"'Mais s'ils ne vous croyaient pas ?' » demanda Thicourt .

"' Je dois quand même y aller, je dois leur dire,' dis-je.

" Rastin me saisit la main. " Tu es un homme, Henri ", dit-il. Puis, jetant de côté le manteau et le chapeau que je portais dehors, ils m'accompagnèrent jusqu'à la grande pièce aux murs blancs où je m'étais trouvé pour la première fois.

" Elle était maintenant brillamment éclairée par de nombreux objets en verre brillants au plafond et sur les murs, et à l'intérieur se trouvaient de nombreux hommes. Ils me regardaient tous étrangement, ainsi que mes vêtements, et parlaient avec enthousiasme si vite que je ne pouvais pas comprendre. Rastin commença à abordez-les.

"Il semblait expliquer comment il m'avait amené de mon époque à la sienne. Il utilisait de nombreux termes et mots que je ne pouvais pas comprendre, des références et des phrases incompréhensibles, et je ne comprenais que peu de choses. J'ai entendu à nouveau les noms d'Einstein et de De Sitter. que j'avais entendu auparavant, répété fréquemment par ces hommes qui se disputaient avec Rastin et Thicourt ... Ils semblaient se disputer à mon sujet.

"Un grand homme disait : 'Impossible ! Je te le dis, Rastin , tu as simulé ce type !'

" Rastin sourit. " Vous ne croyez pas que Thicourt et moi l'avons amené ici de son époque à travers cinq siècles ?

"Un chœur de négatifs excités lui a répondu. Il m'a fait me lever et leur parler. Ils m'ont posé beaucoup de questions, dont une partie je ne comprenais pas. Je leur ai parlé de ma vie et de la ville de mon époque, et du roi, du prêtre et de la noblesse, et de beaucoup de choses simples qu'ils semblaient tout à fait ignorer. Certains semblaient me croire, mais d'autres ne le faisaient pas, et leur dispute éclata de nouveau.

« Il existe un moyen de régler le différend, messieurs », dit finalement Rastin .

"'Comment?' tous ont pleuré.

"' Thicourt et moi avons fait traverser à Henri cinq siècles en faisant pivoter les dimensions temporelles à cet endroit", dit-il. "Supposons que nous inversions cette rotation et le renvoyions sous vos yeux, serait-ce une preuve ?"

"Ils ont tous dit que oui. Rastin s'est tourné vers moi. "Monte sur le cercle métallique, Henri", dit-il. Je l'ai fait.

"Tous regardaient de très près. Thicourt a fait quelque chose rapidement avec les leviers et les boutons des mécanismes de la pièce. Ils ont commencé à bourdonner et une lumière bleue sortait des tubes de verre de certains. Tous étaient silencieux, me regardant alors que je me tenais là sur Le cercle de métal. J'ai croisé le regard de Rastin et quelque chose en moi m'a fait lui dire au revoir. Il a agité la main et a souri. Thicourt a appuyé sur d'autres boutons et le bourdonnement des mécanismes s'est fait plus fort. Puis il a tendu la main vers un autre levier. Tout dans le la pièce était tendue et j'étais tendue.

"Puis j'ai vu le bras de Thicourt bouger alors qu'il tournait l'un des nombreux leviers.

" Un terrible coup de tonnerre sembla éclater autour de moi, et tandis que je fermais les yeux devant son choc, je me sentis tournoyer et tomber en même temps comme dans un tourbillon, comme je l'avais fait auparavant. L'horrible sensation de chute " Cessa en un instant et le son s'apaisa. J'ouvris les yeux. J'étais au sol, au centre du champ familier d'où j'avais disparu des heures auparavant, le matin de ce jour. Il faisait nuit maintenant, cependant, pour cela. jour où j'avais passé cinq cents ans dans le futur.

"Il y avait beaucoup de gens rassemblés autour du terrain, effrayés, et ils criaient et certains s'enfuyaient quand je suis apparu dans le coup de tonnerre. Je me suis dirigé vers ceux qui restaient. Mon esprit était plein de choses que j'avais vues et je voulais leur parler de ces choses. Je voulais leur dire comment ils doivent toujours travailler en vue de ce futur temps d'émerveillement.

"Mais ils n'ont pas écouté. Avant que je leur ai parlé quelques minutes, ils m'ont traité de sorcier et de blasphémateur, et m'ont saisi et m'ont amené ici chez l'Inquisiteur, à vous, sire. Et à vous, sire, j'ai dit la vérité en toutes choses. Je sais qu'en agissant ainsi, j'ai scellé mon propre destin et que seul un sorcier raconterait une telle histoire, mais malgré cela, je suis heureux. Heureux d'en avoir raconté au moins une. de cette époque de ce que j'ai vu cinq siècles dans le futur. Heureux d'avoir vu ! Heureux d'avoir vu les choses qui un jour, un jour, doivent arriver... "

C'EST une semaine plus tard qu'on brûla Henri Lothière . Jean de Marselait , levant les yeux de ses interminables accusations et examens sur parchemin cet après-midi-là, regarda par la fenêtre une épaisse volute de fumée noire qui montait de la place lointaine.

"Etrange, celui-là", songea-t-il. " Un sorcier, bien sûr, mais un sorcier comme je n'en avais jamais entendu parler auparavant. Je me demande, " murmura-t-il à moitié, " y avait-il une part de vérité dans sa folle histoire ? L'avenir – qui peut dire – ce que les hommes pourraient faire ? —?"

Il y eut un silence dans la pièce alors qu'il réfléchissait un moment, puis il se secoua comme s'il se débarrassait de spéculations absurdes. "Mais bon, assez de ces imaginations folles. Ils me prendront pour sorcier si je cède à ces imaginations folles et à ces visions *du futur* ."

Et se penchant de nouveau avec sa plume sur le parchemin devant lui, il reprit gravement son travail.

LA FIN